www.ingramcontent.com/pod-product-compliance
Lightning Source LLC
Chambersburg PA
CBHW070121080526
44586CB00013B/1346
* 9 7 8 1 9 8 7 8 6 9 4 8 4 *